Collection JEAN DOLENT

TABLEAUX

Anciens et Modernes

(DEUXIÈME VENTE)

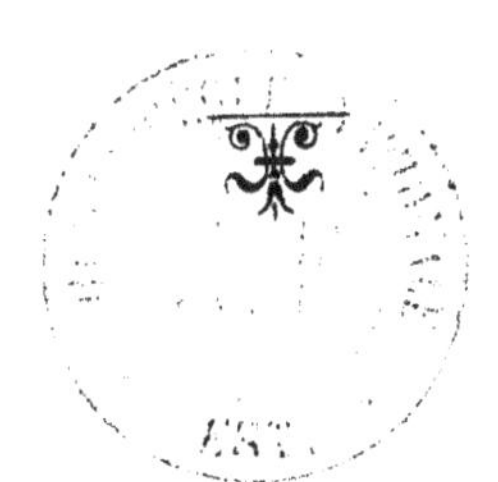

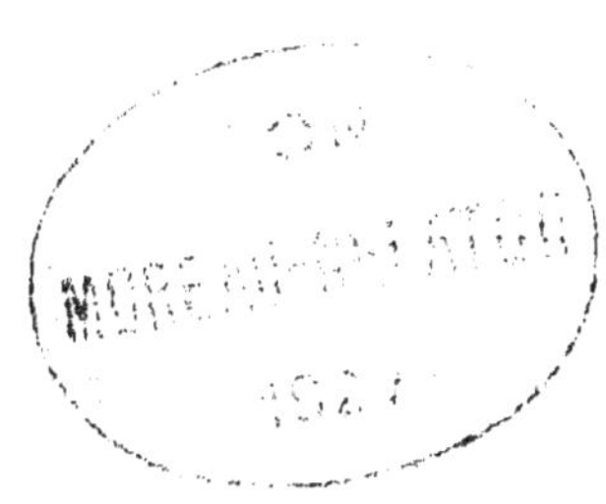

CATALOGUE

DES

Tableaux Anciens

DE TOUTES LES ÉCOLES

Tableaux Modernes

Par

BEAULIEU (DE), BOUCHÉ, DORÉ (G.), GALIBERT, LEGROS,
MASCART (G.), METTLING (L.),
MOORMANS, RIBOT (GERMAINE), STEVENS (AGAPIT), VOLLON (A.).

FAISANT PARTIE DE LA COLLECTION

De feu M. F..., dit JEAN DOLENT

Et dont la deuxième Vente aux enchères publiques après décès

AURA LIEU

HOTEL DROUOT, SALLE N° 11

Le Samedi 5 Mars 1910, à 2 heures

COMMISSAIRES-PRISEURS

Mᵉ F. LAIR-DUBREUIL | Mᵉ ANDRÉ DESVOUGES
6, rue Favart | 26, rue de la Grange-Batelière

EXPERTS

Pour les Tableaux anciens : | *Pour les Tableaux modernes :*
M. JULES FÉRAL | MM. J. & G. BERNHEIM JEUNE
7, rue Saint-Georges, 7 | 25, boulevard de la Madeleine
PARIS | 15, r. Richepanse | 36, av. de l'Opéra

EXPOSITION PUBLIQUE

Le Vendredi 4 Mars 1910, de 2 heures à 6 heures

CONDITIONS DE LA VENTE

Elle sera faite au comptant.

Les adjudicataires paieront *dix pour cent* en sus des enchères.

Paris. — Imp. de l'Art, Ch. Berger, 41, rue de la Victoire.

Désignation

TABLEAUX ANCIENS

BOTH
(Attribué à Jean)

1 — *Paysage d'Italie avec rochers et figures.*

BRAMER
(Attribué à Léonard)

2 — *L'Assomption.*

BRIL
(Attribué à Paul)

3 — *Paysage traversé par un cour d'eau avec figures dans une barque.*

BREUGHEL
(École des)

4 — *Paysans préparant un festin*
Cadre en bois sculpté.

DIÉTRICH
(Chrétien-Guillaume)

5 — *Buste d'Homme.*

Signé à droite.

FRANCK
(École des)

6 — *Sujet biblique.*

HONTHORST
(Attribué à Gérard)

7 — *Buste d'Homme coiffé d'une toque à plumes.*

GRIMOUX
(Attribué à)

8 — *Jeune Femme en buste.*

JEAURAT
(Attribué à)

9 — *Les Marchands ambulants.*

KAUFFMANN
(Attribué à Angélica)

10 — *La Piété filiale.*

Pastel.

KESSEL
(Attribué à Van)

11 — *Corbeille de fleurs.*

LAAR
(Attribué à Pierre de)

12 — *Soins maternels.*

MAGNASCO

13 — *Le Repas des moines.*

METSYS
(D'après Quentin)

14 — *Le Philosophe.*

NONOTTE
(Attribué à)

15 — *Portrait d'Homme tenant un livre.*

POEL
(Egbert van der)

16 — *La Forge.*

POEL
(Genre de Van der)

17 — *Incendie d'une ville.*

RAPHAEL
(D'après)

18 — *La Vierge en buste.*

ROMEYN
(Attribué à WILLEM)

19 — *Berger et animaux devant les construc-
tions d'une ferme.*

SNYDERS
(Attribué à FRANÇOIS)

20 — *La Marchande de fruits.*

SOLIMÈNE

21 — *Sujet mythologique.*

STEEN
(D'après JEAN)

22 — *Un Fumeur.*

TENIERS
(École de)

23 — *Les Joueurs de boules.*

TENIERS
(D'après)

24 — *Buveurs au cabaret.*

TENIERS
(École de)

25 — *Le Chirurgien de village.*
Cadre en bois sculpté.

TOURNIÈRES
(ROBERT)

26 — *Portrait de Femme en corsage blanc, manteau bleu.*

UTRECHT
(Genre de VAN)

27 — *Poules et poussins.*

VALENTIN
(Attribués à)
(DEUX PENDANTS)

28 — *Le Joueur de luth.*
— *La Joueuse de guitare.*

VAN DYCK
(École de)

29 — *Le Christ déposé de la croix.*

VENNE
(Genre de VAN DER)

30 — *Composition allégorique.*

WATTEAU
(D'après)

31 — *Personnages de la Comédie italienne.*

WYCK
(Genre de THOMAS)

32 — *Scène de cabaret.*

ÉCOLE ESPAGNOLE

(xviie siècle)

33 — *Portrait d'Homme en pourpoint noir.*
On lit à droite une longue inscription.

ÉCOLE ESPAGNOLE

(xviie siècle)

34 — *La Vierge portant l'Enfant Jésus.*

ÉCOLE FLAMANDE

(xviie siècle)

35 — *Le Festin.*
Importante composition.

ÉCOLE FLAMANDE

(xviie siècle)

36 — *La Partie de cartes.*

ÉCOLE FLAMANDE

(xviie siècle)

37 — *Arion sauvé par les dauphins.*

ÉCOLE FLAMANDE

(xviie siècle)

38 — *Ermite dans une grotte. Fond de paysage.*
Cadre en bois scuplté.

ÉCOLE FLAMANDE

39 — *Buste de Femme coiffée d'un bonnet blanc.*

ÉCOLE FRANÇAISE
(xviie siècle)

40 — *Portrait d'un Doyen de la cathédrale de Senlis.*

ÉCOLE FRANÇAISE
(xviiie siècle)

41 — *Portrait d'Homme en habit gris.*

ÉCOLE FRANÇAISE
(xviiie siècle)

42 — *Le Retour des chasseurs.*
Aquarelle gouachée en forme d'éventail.

ÉCOLE HOLLANDAISE
(xviie siècle)

43 — *Portrait de Femme tenant un éventail.*

ÉCOLE HOLLANDAISE
(xviie siècle)

44 — *Le Charlatan italien.*

ÉCOLE HOLLANDAISE
(xviie siècle)

45 — *Vieille Femme comptant de la monnaie.*

ÉCOLE HOLLANDAISE

(xviie siècle)

46 — *Entrée d'un port de mer.*

ÉCOLE HOLLANDAISE

(xviie siècle)

47 — *Marine avec bateau échouant sur un rocher.*

ÉCOLE HOLLANDAISE

(xviie siècle)

48 — *Un Fumeur coiffé d'une toque bordée de fourrure.*

ÉCOLE HOLLANDAISE

(xviie siècle)

49 — *Portrait d'un Officier en armure.*

ÉCOLE HOLLANDAISE

50 — *Une Caravane à l'entrée d'une ville.*

ÉCOLE ITALIENNE

(xviiie siècle)

51 — *Le Marché.*

TABLEAUX MODERNES

BEAULIEU (De)

52 — *Femme nue.*

Signé en bas à droite.
Toile. Haut., 1 m. 68 cent.; larg., 99 cent.

BEAULIEU (De)

53 — *Amour et folie.*

Signé en bas à droite.
Toile. Haut., 1 m. 3 cent.; larg., 69 cent.

BEAULIEU (De)

54 — *Nymphe.*

Signé en bas à droite.
Carton. Haut., 63 cent.; larg., 34 cent.

BOISSIN (O.)

55 — *La Plage.*

Signé *O. B.* en bas à droite.
Toile. Haut., 28 cent.; larg., 41 cent.

BOUCHÉ

56 — *Paysanne et vaches.*

Signé en bas à droite. Daté : 79.
Toile. Haut., 38 cent.; larg., 51 cent.

BOUCHÉ

57 — *Les Blés.*

Signé en bas à droite. Daté : 1879.
Bois. Haut., 84 cent.; larg., 45 cent.

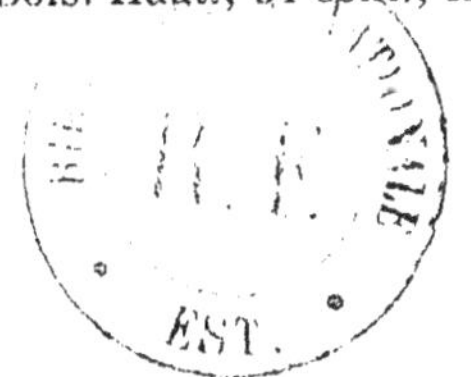

COIGNARD (L.)

58 — *Vaches au pâturage.*

Signé en bas à droite.

Toile. Haut., 54 cent.; larg., 73 cent.

DORÉ (G.)

59 — *Paysage.*

Signé en bas à gauche.

Toile. Haut., 1 m. 30 cent.; larg., 98 cent.

ÉCOLE MODERNE

60 — *Portrait d'Enfant.*

Toile. Haut., 59 cent.; larg., 48 cent.

61 — *Nature morte.*

Toile. Haut., 70 cent.; larg., 81 cent.

62 — *Médecin et enfant.*

Carton. Haut., 34 cent.; larg., 46 cent.

63 — *L'Enlèvement.*

Bois. Haut., 25 cent.; larg., 34 cent.

64 — *Coin de table.*

Toile. Haut., 33 cent.; larg., 41 cent.

65 — *Portrait d'Homme.*

Toile. Haut., 49 cent.; larg., 60 cent.

66 — *Sous bois.*

Bois. Haut., 33 cent.; larg., 43 cent.

67 — *Cavaliers.*

Carton. Haut., 20 cent.; larg., 32 cent.

68 — *Musicien.*

Bois. Haut., 28 cent.; larg., 16 cent.

69 — *Réunion.*

Bois. Haut., 21 cent.; larg., 31 cent.

ÉCOLE MODERNE

70 — *Village au pied d'une montagne.*
> Carton. Haut., 33 cent.; larg., 42 cent.

71 — *La Mêlée.*
> Carton. Haut., 27 cent.; larg., 48 cent.

72 — *Fruits dans une coupe.*
> Toile. Haut., 46 cent.; larg., 55 cent.

GALIBERT

73 — *Nature morte.*
> Signé en bas à droite.
> Toile. Haut., 73 cent.; larg., 92 cent.

LEGROS

74 — *La Bataille.*
> Signé en bas à gauche.
> Bois. Haut., 44 cent.; larg., 69 cent.

MASCART (G.)

75 — *Paysage.*
> Signé en bas à gauche.
> Toile. Haut., 52 cent.; larg., 79 cent.

METTLING (L.)

76 — *Portrait d'Homme.*
> Signé en bas à gauche.
> Toile. Haut., 55 cent.; larg., 46 cent.

METTLING (L.)

77 — *Homme à la cruche.*
> Signé en bas à gauche.
> Toile. Haut., 60 cent.; larg., 40 cent.

METTLING (L.)

78 — *Jeune Paysan.*

    Signé en bas à gauche.

        Toile. Haut., 53 cent.; larg., 40 cent.

METTLING (L.)

79 — *Portrait de Femme.*

    Signé en bas à gauche.

        Toile. Haut., 41 cent.; larg., 33 cent.

METTLING (L.)

80 — *Paysanne.*

    Signé en bas à gauche.

        Bois. Haut., 49 cent.; larg., 27 cent.

METTLING (L.)

81 — *Paysan portant un panier.*

    Signé en bas à gauche.

        Bois. Haut., 40 cent.; larg., 29 cent.

METTLING (L.)

82 — *Vieux Paysan assis.*

    Signé en bas à gauche.

        Bois. Haut., 41 cent.; larg., 23 cent.

METTLING (L.)

83 — *Dans la Campagne.*

    Signé en bas à gauche.

        Bois. Haut., 26 cent.; larg., 39 cent.

METTLING (L.)

84 — *Femme en blanc.*

    Signé en bas à gauche.

        Bois. Haut., 38 cent.; larg., 26 cent.

METTLING (L.)

85 — *Cochons d'Inde.*

Signé en bas à gauche.
Toile. Haut., 26 cent.; larg., 34 cent.

METTLING (L.)

86 — *Cour de Ferme.*

Signé : *M. L.*, en bas à gauche.
Bois. Haut., 35 cent.; larg., 30 cent.

METTLING (L.)

87 — *La Mare.*

Signé : *L. M.*, en bas à gauche.
Bois. Haut., 25 cent.; larg., 34 cent.

METTLING (L.)

88 — *Paysans causant.*

Toile. Haut., 32 cent.; larg., 39 cent.

METTLING (L.)

89 — *Femmes assises sur l'herbe.*

Bois. Haut., 22 cent.; larg., 32 cent.

METTLING (L.)

90 — *Deux Paysans.*

Bois. Haut., 18 cent.; larg., 33 cent.

MOORMANS

91 — *La Lecture.*

Signé en bas à droite.
Bois. Haut., 24 cent.; larg., 32 cent.

RIBOT (Germain)

92 — *Nature morte.*

Signé en bas à gauche.

Toile. Haut. 46 cent.; larg., 38 cent.

RIBOT (Germain)

93 — *Les Œufs sur le plat.*

Signé en bas à droite.

Toile. Haut., 46 cent.; larg., 38 cent.

STEVENS (Agapit)

94 — *La Mauvaise Nouvelle.*

Signé en bas à gauche.

Toile. Haut., 75 cent.; larg., 52 cent.

STEVENS (D.)

95 — *La Cage.*

Signé en bas à droite. Daté : *1867.*

Bois. Haut., 62 cent.; larg., 49 cent.

STEVENS (D.)

96 — *Mélancolie.*

Signé en bas à droite. Daté : *1867.*

Bois. Haut., 50 cent.; larg., 40 cent.

VOLLON (A.)

97 — *Singe mangeant.*

Signé en bas à gauche.

Toile. Haut. 32 cent.; larg., 24 cent.